Scènes de Guyane

Texte et photos
Thierry Montford

ORPHIE

À mes parents...

On dit que celui qui viendra en Guyane et mangera du bouillon d'awara est appelé à y revenir.

Je suis venu en Guyane, un automne, loin de la saison du bouillon d'awara, et je suis néanmoins revenu. Je n'ai eu que bien plus tard l'occasion d'y goûter et de l'apprécier, vivant depuis longtemps maintenant sous le charme de la Guyane.

Trois semaine passées en Guyane, entre Cayenne et Maripasoula, les Îles du Salut et la route de l'Est m'ont convaincu de la nécessité d'un retour. Venu simplement dans l'espoir d'observer une faune typiquement amazonienne, c'est tout un pays, un mode de vie que j'ai senti m'attirer sous la surface de ces vingt petites journées vécues à cent à l'heure.

Un an après, j'étais de retour et m'installai, après avoir fait mes adieux à une vie parisienne, non sans attraits, mais trop éloignée de mes aspirations.

Durant toutes ces années, il nous est arrivé d'avoir des mots, la Guyane et moi, des prémisses de séparation même, mais notre amour, qui dure, s'est enrichi de ces tumultes autant que des moments de plénitude.

Car le charme de la Guyane est partout. Dans la diversité, les contrastes et les paradoxes. On peut vivre avec ses semblables et, en deux coups de volant se retrouver seul face à l'immensité verte. Se baigner, un dimanche de février, dans la foule colorée du carnaval et passer les jours suivants au cœur de l'Amazonie, à écouter, entre ciel et terre, vibrer l'âme de cette cathédrale verte.

La surprise, même si la vie se dissimule à la perfection, peut survenir n'importe quand. La vision d'un animal sauvage, un félin, jaguar ou puma, est autant une affaire de patience et de ténacité que de pure chance, mais lorsqu'elle se produit, c'est une image indélébile qui se grave dans la mémoire.

Le littoral, et d'une façon générale toutes les zones dégagées, savanes et marais, offrent tôt le matin et au coucher du soleil des palettes de couleurs somptueuses où, souvent, la brume vient estomper les formes et donner à la scène des allures de tableau mouvant.

Un long texte serait nécessaire pour donner de la Guyane une description plus consistante. Mais le but n'est pas d'être exhaustif.

Au travers d'une palette d'images, il est d'inviter le lecteur à une promenade où il sera le témoin de scènes qui m'ont captivé, ou de tableaux naturels qui m'ont enchanté.

En tant que photographe, j'ai beaucoup appris de la Guyane et ce métier que j'aime au delà des mots a pu prendre corps ici, grâce à cette contrée qui, continue plus que jamais à m'envouter.

Thierry Montford

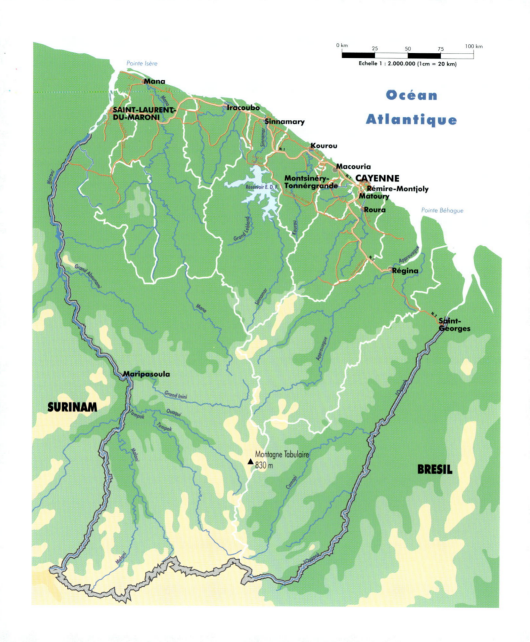

Scènes de Guyane
SOMMAIRE

- Introduction — 3
- Sommaire — 5
- Carnaval — 6
- Coupe du monde de football 1998 — 24
- Cayenne — 28
- Ile de Cayenne, Rémire-Montjoly — 46
- Communes — 50
- Ile du salut — 59
- Ethnies — 62
- Crevettiers — 74
- Orpaillage — 80
- Forêt et savannes — 88
- Faune — 106
    - Les mammifères — 107
    - Les oiseaux — 122
    - Les poissons — 132
    - Les amphibiens — 134
    - Les reptiles — 140
    - Les insectes et arthropodes — 162
- Bibliographie — 168
- Remerciements — 168

SCÈNES DE GUYANE
CARNAVAL

Carnaval

Le carnaval est un tourbillon. Le décrire par des mots demanderait un talent qui me fait défaut. Les images parlent d'elles-mêmes. En résumé, le carnaval, c'est deux mois d'une Guyane démultipliée. Une succession de spectacles de rues, les dimanche et les jours gras, où couleurs et sons tourbillonnent et se mêlent jusqu'à n'être plus qu'une sensation, comme l'enfant naturel de l'ouïe et de la vue. La rue est un théâtre, un opéra où les spectateurs parfois deviennent acteurs et Cayenne tout entier une magicienne sortant de son chapeau une myriade de foulards multicolores.

Brésiliens, métropolitains, Haïtiens, Péruviens même en 1998, se joignent aux nombreux groupes Guyanais et emportent la Guyane au cœur de cette fête qu'elle chérit. Les galettes du vendredi soir, les bals du samedi soir, le blaff du matin et le défilé carnavalesque du dimanche rythmeront chaque week-end jusqu'au mercredi des cendres où, le soir, un vaval accompagné de cris et de pleurs sera brûlé place des Palmistes et mourra jusqu'à la prochaine Epiphanie.

Scènes de Guyane
CARNAVAL

■ *Volte de Touloulous sur l'avenue De Gaulle.*

Scènes de Guyane
CARNAVAL

■ *Cuivres et percussions mènent la danse et créent l'évènement*

SCÈNES DE GUYANE
CARNAVAL

■ *Les enfants sont partout, le dimanche avenue de Gaulle et se mêlent aux groupes de passants.*

Scènes de Guyane
CARNAVAL

■ Ambiance de fête !

■ Nuages de couleurs.

Scènes de Guyane
CARNAVAL

■ *Trois Touloulous se détendent quelques instants, place des palmistes, avant de replonger dans la mêlée.*

Scènes de Guyane
CARNAVAL

■ *Le samedi soir, "chez Nana".*

SCÈNES DE GUYANE
CARNAVAL

"La Polina", soirée rouge.

Scènes de Guyane
CARNAVAL

■ L'entrée de "chez Nana", où se pressent les Touloulous.

■ L'ivresse du mouvement.

Scènes de Guyane
CARNAVAL

■ *Groupes de danses africaines, au milieu de l'avenue de Gaulle.*

Scènes de Guyane
CARNAVAL

■ *Masques baignés de soleil, Touloulous nimbées de satin.*

Scènes de Guyane
CARNAVAL

■ *L'éclat du couchant embrase les costumes et les visages.*

Scènes de Guyane
CARNAVAL

■ *Femmes aux habits de lumière…*

Scènes de Guyane
CARNAVAL

■ *L'avenue de Gaulle en fleuve humain.*

■ *Un invité de marque s'est glissé dans la fête.*

Scènes de Guyane
CARNAVAL

■ Le Brésil.

Scènes de Guyane
CARNAVAL

■ *On se rend, en toute simplicité, aux marques du défilé.*

Scènes de Guyane
CARNAVAL

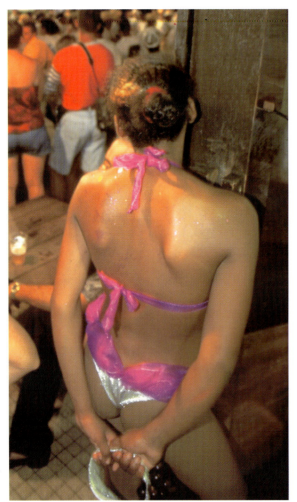

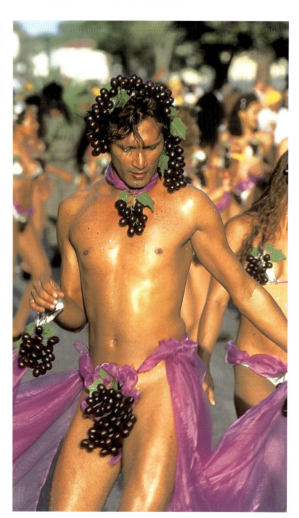

■ *Les corps se libèrent, au rythme de la samba.*

Scènes de Guyane
CARNAVAL

■ *Devant un bar brésilien, les danseuses finissent le défilé dans un ultime tourbillon.*

SCÈNES DE GUYANE

Coupe du monde de football 1998

Le 12 juillet 1998, vers 18 h 00, Cayenne est témoin d'une explosion de joie qui n'est pas sans rappeler la liesse du carnaval.

Les voitures, les piétons, tous envahissent les rues et convergent vers l'avenue du Général De Gaulle à grands renforts de cris et d'avertisseurs sonores. Le drapeau français flotte aux fenêtres, fleurit dans les mains des patients, se déploie sur les véhicules et tous se retrouvent pour une célébration qui durera tard dans la nuit.

La forte proportion de Brésiliens vivant en Guyane, faisant contre mauvaise fortune bon cœur, participera à la fête dans sa grande majorité.

Scènes de Guyane
FOOTBALL

■ *Victoire de la France, avenue du Général de Gaulle.*

Scènes de Guyane
FOOTBALL

■ *La France… et la Bretagne au cœur de la fête.*

Scènes de Guyane
FOOTBALL

■ *La liesse est totale et submerge Cayenne.*

Scènes de Guyane

Cayenne

Aux premières lueurs du jour, Cayenne baigne encore dans la fraîcheur de la nuit. La circulation est presqu'inexistante et les "Chinois" sont fermés pour quelques minutes encore. Sur la plage des Palmistes, le soleil bas s'est frayé un chemin dans les artères rectilignes et nimbe la statue de Félix Éboué de lumière orange. En arrière plan, la bibliothèque et l'école maternelle sont régulièrement tranchées de haut en bas par la succession des grands troncs qui occupent la place. Un scooter passe.

Des silhouettes apparaissent çà et là et l'avenue du général de Gaulle commence à s'animer. Le percolateur du Bar des Palmistes entre en action, ceux du Tam-Tam et de "Chez Mathilde" lui font écho quelques pâtés de maisons plus loin, et les "Chinois" sortent leur attirail - cartes postales et artisanat - en face du commissariat ou à côté de l'hôtel Amazonia.

Une journée comme les autres débute à Cayenne. L'océan, indifférent, vient frapper les roches de la pointe des Amandiers, et, à quelques kilomètres de là, la forêt se réveille dans la brume : un autre monde à un battement de cils.

Scènes de Guyane
CAYENNE

■ *Cayenne au lever du jour.*

Scènes de Guyane
CAYENNE

■ Cayenne.

■ Place de Grenoble.

Scènes de Guyane
CAYENNE

■ Départ de l'avenue de Gaulle, place des palmistes, par un matin pluvieux.

■ L'avenue du Général de Gaulle, un jour de braderie.

Scènes de Guyane
CAYENNE

■ *Le Conseil Général.*

■ *La Chambre de Commerce et d'Industrie de La Guyane*

■ *Alignement de palmistes.*

Scènes de Guyane
CAYENNE

Marianne, sur fond de palmistes.

Scènes de Guyane
CAYENNE

■ *Arrivée du Tour du Guyane 1996, place des palmistes.*

■ *Défilé de majorettes et de scouts du Surinam, place des palmistes, en septembre 1997.*

Scènes de Guyane
CAYENNE

■ Le 14 juillet 1997, à Cayenne, après le défilé.

■ *Maison de l'Association chinoise de Guyane, place des Amandiers.*

SCÈNES DE GUYANE
CAYENNE

■ *Les magasins chinois, omniprésents en Guyane.*

Scènes de Guyane
CAYENNE

■ *Le marché, à Cayenne.*

Scènes de Guyane
CAYENNE

■ *Le marché, à Cayenne.*

SCÈNES DE GUYANE
CAYENNE

■ *Place des palmistes, le soir.*

■ *Place de Grenoble.*

■ *Le marché de Cayenne, la nuit.*

■ *Messe à la Cathédrale Saint-Sauveur de Cayenne.*

Scènes de Guyane
CAYENNE

■ Anse de Chaton.

■ Anse Nadau, vue de la pointe Buzaret.

■ Anse Nadau, au couchant.

Scènes de Guyane
CAYENNE

Marée montante, le soir, Anse de Chaton

Surfcasting sur la plage de Zéphyr.

Scènes de Guyane
CAYENNE

■ *Vol d'oiseaux marins, pointe Buzaret.*

Scènes de Guyane
CAYENNE

▪ *La pointe Buzaret. Les pêcheurs rabattent le poisson vers un filet tendu plus loin.*

SCÈNES DE GUYANE

Île de Cayenne, Rémîre-Montjoly Matoury

L'été, les plages de Rémîre-Montjoly sont prises d'assaut. La mer a beau ne pas être bleue, ni transparente, elle n'en est pas moins appréciée de la grande majorité. Guyanais, Métropolitains et Brésiliens fréquentent assidûment la route des plages, le week-end, et le retour du dimanche soir est parfois source de " bouchons " dignes de la nationale 7.

Le sentier du Rorota est également une sortie très prisée. Les joggers y croisent les randonneurs et on peut y rencontrer, hors les nombreux oiseaux, paresseux et singes-écureuils pas trop farouches.

Scènes de Guyane
Île de Cayenne, Rémîre-Montjoly

■ *Footing sur la plage à Rémîre-Montjoly.*

Scènes de Guyane
Île de Cayenne, Rémîre-Montjoly

■ Rémîre-Montjoly : Plage au lever du jour.

Scènes de Guyane
Île de Cayenne, Rémîre-Montjoly

Rémîre-Montjoly : La plage.

Rémîre-Montjoly : La plage.

Rémîre-Montjoly : La Matourienne.

SCÈNES DE GUYANE

Communes

■ *Roura : charmante petite commune, sur le Mahury, qui marque le départ de la route de Kaw.*

Scènes de Guyane
COMMUNES

■ *Les cascades de Fougassié : elles sont accessibles par la route (via Roura) ou le fleuve.*
Une auberge y acceuille les touristes et un sentier permet d'atteindre les cascades en dix minutes.

Scènes de Guyane
COMMUNES

■ *La route de Kaw se termine au bord du marais de Kaw. La vue, le soir, y est splendide et domine les prairies flottantes. Ici, le cimetière, à gauche du Dégrad.*

SCÈNES DE GUYANE
COMMUNES

■ *La route de l'est (RN2) mène, pour l'instant, jusqu'à Régina. (Un jour prochain, elle conduira à Saint-Georges de l'Oyapock). De Régina, il est possible de monter sur l'Approuague, un des plus beaux fleuves de Guyane, encore sauvage et riche en faune.*

SCÈNES DE GUYANE
COMMUNES

■ *Kourou : ville nouvelle (place Gaston Monnerville).*

■ *Kourou : musée de l'espace.*

Scènes de Guyane
COMMUNES

■ *Sinnamary : Le pont Maintenon va incessamment être détrôné par un mont moderne qui passera au large de la commune.*

■ *Sinnamary : La mairie.*

Scènes de Guyane
COMMUNES

■ *Saint-Laurent du Maroni : ville frontière et de contrastes où les ethnies se mêlent naturellement. L'ambiance qui règne à Saint-Laurent y est bien spécifique.*

Scènes de Guyane
COMMUNES

■ Saint-Laurent du Maroni : ville attachante et différente par son architecture restée plus classique que celle de Cayenne. Ici, la sous-préfecture.

Scènes de Guyane
COMMUNES

■ *Saint-Laurent du Maroni : c'est aussi le Maroni, le ballet des pirogues, la perspective du fleuve et, de l'autre côté, Albina et le Surinam.*

■ *Mana : petite maison typique.*

Scènes de Guyane
Îles du Salut

■ *Iles du Salut : elles constituent une étape plus ou moins forcée pour le touriste. L'endroit est agréable, la mer est bleue et presque toujours transparente, et il existe un intérêt historique. L'île Royale est truffée d'agoutis, d'iguanes et de singes et, le soir, les vols d'aras y sont réguliers.*

Scènes de Guyane
Îles du Salut

■ Iles du Salut : île Royale. Ruines de bâtiments de l'administration pénitenciaire.

■ Iles du Salut : une cellule de détenu (île Saint-Joseph).

Scènes de Guyane
Îles du Salut

Îles du Salut : les fameuses briques de l'administration pénitenciaire.

Iles du Salut : île Royale, face à l'Atlantique.

Scènes de Guyane
VISAGES

■ Combat de coqs : certains propriétaires viennent des Antilles disputer des combats.

■ Le propriétaire d'un coq, avant le combat.

SCÈNES DE GUYANE
VISAGES

■ Facéties d'une petite fille haïtienne

■ Les H'mongs revêtent le costume traditionnel lors de la fête du nouvel an, en octobre.

Scènes de Guyane
VISAGES

■ **Enfants** à Kourou.

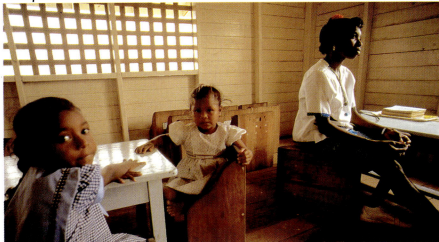

■ **Dans** une salle d'école primaire.

■ **Femme d'origine surinamienne** : la poterie qu'elle tient dans ses mains a été trouvée par son fils, plongeur sur une barge. Il s'agirait d'une cruche hollandaise.

SCÈNES DE GUYANE
VISAGES

■ *Jeunes amérindiens : la jeune-fille joue avec une loutre géante apprivoisée (pteronura brasiliensis).*

Scènes de Guyane
VISAGES

Jeune guyanaise

Cérémonie amérindienne : peinture sur corps.

Scènes de Guyane
VISAGES

■ *Jeunes amérindiens venus contempler des bébés Jacarés (caïman crocodylus).*

Scènes de Guyane
VISAGES

■ *Roches gravées à Rémire.*

■ *Carbet amérindien sur le fleuve.*

Scènes de Guyane
VISAGES

■ *Pirogue saramaca en construction.*

■ *Enfants Bosh : village sur le Maroni.*

SCÈNES DE GUYANE
VISAGES

■ *Artisanat saramaca (route de Mana à Saint-Laurent du Maroni).*

Scènes de Guyane
VISAGES

■ *Garimpeiros brésiliens partis en prospection.*

SCÈNES DE GUYANE
VISAGES

■ *Touristes métropolitains au carbet… et sur la plage des Hattes, devant une Tortue-Luth.*

SCÈNES DE GUYANE

Crevettiers

La plupart des pêcheurs de crevettes, sinon tous, sont du Guyana, et sont payés à la prise. Une campagne peut durer quatre semaines et, si l'endroit est bon, les filets sont relevés toutes les deux ou trois heures.

Le tri ne laissera que 10 % de leur contenu, le reste, les poissons morts, étant rejeté à la mer. Les crevettes sont congelées à bord dans des tunnels de congélation à moins 40° et sont stockées à moins 18°.

Scènes de Guyane
CREVETTIERS

■ *Crevettier quittant le port du Larivot, le soir. Sa campagne durera un mois.*

SCÈNES DE GUYANE
CREVETTIERS

■ Port de pêche du Larivot.

Scènes de Guyane
CREVETTIERS

■ Crevettes "sauvages" de Guyane, prêtes à servir.

■ La relève des filets provoque une frénésie alimentaire chez les oiseaux.

Scènes de Guyane
CREVETTIERS

▪ *Le tri des crevettes, à bord.*

Scènes de Guyane
CREVETTIERS

■ Les oiseaux marins, frégates, sternes et mouettes suivent en permanence les crevettiers et y élisent même domicile pendant toute la durée de la campagne.

SCÈNES DE GUYANE

Orpaillage

> omme il en est de la pêche avec les George-towniens, ce sont principalement des brésiliens que l'on trouve sur les mines d'or en Guyane.
>
> Dans l'ensemble les exploitations tournent vingt quatre heures sur vingt quatre avec deux équipes qui font douze heures chacune.
>
> Les Garimpeiros restent jusqu'à seize mois et plus en forêt sans redescendre, mais, compte tenu des conditions de travail au Brésil, l'ambiance est relativement bonne : le ravitaillement est agrémenté par la pêche et la chasse sur place et, si la production est bonne, les revenus le sont aussi.

Scènes de Guyane
ORPAILLAGE

■ *Montage d'une table de lavage : Une pompe aspirante, la marraca, aspirera le gravier du chantier et le rejettera sur le plan incliné de la table, où l'or finira piégé dans la "moquette".*

Scènes de Guyane
ORPAILLAGE

■ *Trou de prospection : il faut creuser jusqu'au bed rock, parfois jusqu'à 4,50 m*

■ *Arrimage de la pompe qui alimentera la table.*

Scènes de Guyane
ORPAILLAGE

■ Montage de la table de lavage à l'aide de la pelle. L'archaïque et le moderne se côtoient avec efficacité.

■ Quelques instants de détente dans le sillage du dinosaure mécanique.

Scènes de Guyane
ORPAILLAGE

■ *Convoyage d'une pelle mécanique : 30 km de traversée de forêt pour amener la pelle d'un chantier à un autre.*

SCÈNES DE GUYANE
ORPAILLAGE

■ Aymara pêché par les Garimpeiros, aux abords du camp.

■ Cueillette du "patwa", fruit d'un palmier qui sera la base d'une boisson vitaminée. Les brésiliens, aussi à l'aise en forêt qu'un parisien gare Saint-Lazare, tirent parti de tout.

Scènes de Guyane
ORPAILLAGE

■ Pépites d'or.

■ Quartz gorgé d'or.

Scènes de Guyane
ORPAILLAGE

■ *Lingot et pépites.*

Scènes de Guyane

Forêt & savanes

En Guyane, on ne dit pas "la jungle", ou "la forêt vierge", mais la forêt ou la brousse. Quand on parle de forêt en métropole, on parle aussi bien d'un groupe de bouquets d'arbres que d'une forêt plus étendue - Fontainebleau ou Rambouillet - dont on visualise les limites.

En Guyane, la forêt couvre tout le territoire, à l'exception du littoral : huit millions d'hectares parcourus de criques et de rivières et qui, au delà des frontières, se fondent dans la Selva amazonienne. C'est un être immense qui vit au rythme de ses composantes, du minuscule acarien à l'arbre gigantesque, dans un équilibre que peu de chose, à part l'homme, pourrait altérer.

Oublions toutes les fables qui courent sur la forêt guyanaise : les serpents qui ne demandent qu'à mordre, le jaguar ou le puma qui "pourraient" attaquer, les mygales et autres araignées "24 heures". Ces animaux existent, mais ont des occupations autres que de traquer l'homme avec sadisme. Sans vouloir minimiser, il est plus probable d'être victime d'un accident de la route que d'être chargé par un jaguar ou mordu par un serpent. Les félins sont rares, et l'homme ne les intéresse pas. Quant aux serpents ou autres venimeux - guêpes, fourmis, araignées - c'est en posant le pied ou la main dessus qu'ils réagissent. Le risque, compte tenu des probabilités est infime.

On peut se promener sans crainte dans la forêt et se laisser captiver par les bruits et la beauté de la végétation. Le danger serait de s'égarer ou - c'est arrivé - de recevoir une branche sur la tête. Ne vous écartez donc pas des layons, et restez au carbet s'il pleut ou vente trop.

Scènes de Guyane
FORÊT

■ *Floraison dans la canopée.*

Scènes de Guyane
FORÊT

■ *Fleurs de forêt.*

Scènes de Guyane
FORÊT

■ Arbre en fleurs, route de Kaw.

■ Lys.

■ Passi Flora.

Scènes de Guyane
FORÊT

■ *Marais vers Sinnamary*

■ *Marais de Kaw*

■ *Coucher de soleil sur la Matourienne.*

Scènes de Guyane
F O R Ê T

■ *Lever du jour en forêt : les silhouettes de palmiers ouassaï se découpent sur la brume.*

Scènes de Guyane
FORÊT

■ *Route de Kaw : Coucher de soleil.*

■ *Pêcheurs sur le Mahury.*

■ *Pripri au lever du jour, route de l'Est.*

Scènes de Guyane
FORÊT

■ *Le Mahury à Stoupan : voiliers au mouillage.*

Scènes de Guyane
FORÊT

■ *Lever du jour sur la forêt, route de l'Est.*

Scènes de Guyane
FORÊT

Palmier bâche au petit matin.

Abattis en lisière de forêt.

Ciel d'orage.

Scènes de Guyane
FORÊT

■ *Forêt primaire : sous-bois.*

■ *Feuille morte de broméliacée tombée sur une palme.*

■ *Après la pluie.*

Scènes de Guyane
F O R Ê T

■ *Racines en sous-bois.*

Scènes de Guyane
F O R Ê T

Racines. Bord de crique.

Scènes de Guyane
FORÊT

■ Cascade en forêt.

■ Géométrie d'un feuille de palme.

■ Racine nappée de mousse.

Scènes de Guyane
FORÊT

■ *Sous-bois.*

Scènes de Guyane
FORÊT

■ *Montée de l'orage en forêt.*

SCÈNES DE GUYANE
FORÊT

■ *"Saut Ikissi" sur la Mana.*

■ *"Gros saut" sur la Mana.*

Scènes de Guyane
FORÊT

■ *Fin du jour sur un petit affluent de la Mana.*

SCÈNES DE GUYANE

Faune

Sur une dizaine d'années passée en Guyane, et en consacrant une part non négligeable du temps à la recherche d'animaux, j'ai pu m'apercevoir combien ceux-ci sont discrets et prudents. Certains sont des as du camouflage, d'autres, aux couleurs vives, repèrent les intrus d'assez loin pour disparaître avant d'être vus, et, finalement, hormis quelques oiseaux, lézards, crapauds et autres "pians", les rencontres sont le fruit du hasard et de la patience combinés.

En forêt, pourtant, les animaux sont nombreux, et les espèces multiples. Mais la condition de leur survie est la transparence, et le silence. Combien de fois suis-je passé à deux mètres d'une biche sans la voir ? Combien de fois un jaguar m'a-t-il suivi du regard sans que je soupçonne sa présence ?

Il m'est déjà arrivé, la nuit, et en observant les branches basses des arbres avec attention, de débusquer un serpent-liane assoupi, lové sur une fourche à quelques dizaines de centimètres du sol. Les yeux des caïmans, de nombreuses grenouilles et de deux espèces de serpents les trahissent, comme certains mammifères. Mais combien de kilomètres faut-il parcourir pour apercevoir un animal ? Parfois dix mètres suffisent, et vous constatez qu'un paresseux passe sur les arbres qui bordent votre jardin, mais le plus souvent, voir la faune est une affaire de chance dont la fréquence est liée à la multiplicité des promenades et sorties nocturnes.

SCÈNES DE GUYANE
FAUNE
LES MAMMIFÈRES

■ **Bradypus tridactylus** - Paresseux "trois doigts" ou Ay : Cet étrange animal est un fleuron des forêts tropicales américaines. En Guyane, on le trouve jusque dans les zones urbaines, du moment qu'il y trouve des bois canons (cecropia) dont il dévore les pousses à une allure vertigineuse, en comparaison de sa vitesse de déplacement.

■ **Choleopus didactylus** - L'unau est beaucoup plus vif que l'ay. Il mord et griffe férocement, en soufflant, tout ennemi potentiel. Les rencontres sont moins fréquentes qu'avec l'ay.

Scènes de Guyane
FAUNE
LES MAMMIFÈRES

■ **Marmosa spp** - L'opossum laineux se rencontre assez souvent la nuit, sur les routes de forêt qu'il traverse en courant. Celui-ci galopait sur la route de Kaw, vers 21 h. Aveuglé par la lumière des phares, je l'ai capturé en prenant soin d'éviter une morsure, car ses dents pointues provoquent une douleur cuisante.

■ **Cabassous unicinctus** - Ce tatou galopait dans la savane. Lorsque je l'ai saisi, il commençait à creuser. En quelques secondes, il s'était enfoui de moitié, grâce à la puissance de ses griffes.

Scènes de Guyane
FAUNE
LES MAMMIFÈRES

■ ***Hydrochaeris hydrochaeris*** - *Les capiays ou capybara sont d'excellents nageurs et plongeurs. On en voit assez souvent dans les régions hautes et chaudes des fleuves, où ils sont moins craintifs.*

SCÈNES DE GUYANE
FAUNE
LES MAMMIFÈRES

■ **Gallictis vittata -** Ce jeune grison, d'humeur débonnaire, hume l'intrus en poussant de petits gémissements. La partie supérieure du corps est argentée, camouflant l'animal lorsqu'il nage.

SCÈNES DE GUYANE
FAUNE
LES MAMMIFÈRES

■ **Pteronura brasiliensis -** *Les loutres géantes, très sensibles à la moindre pollution, sont menacées dans toute l'Amérique tropicale. Quelques sanctuaires, comme au Guyana, sont encore à peu près intacts, grâce à des mesures de protections locales. Dans ces endroits, on peut rencontrer, chaque jour, un ou plusieurs groupes de quatre à neuf individus, assez peu farouches.*

Scènes de Guyane
FAUNE
Les mammifères

■ **Nasua nasua -** *Encore un animal étrange. L'aspect sympathique du coati dissimule un tempérament belliqueux, voire féroce. Certaines rumeurs font état de coatis capables de faire reculer un jaguar. Il est vrai que les griffes et les dents du coati, ajoutées à son agilité, en font une proie difficile.*

Scènes de Guyane
FAUNE
Les mammifères

■ *Tapirus terrestris - Excellents nageurs et plongeurs, les tapirs aiment l'eau et marchent au fond des criques, comme les hippopotames. Cette jeune femelle mangeait continuellement, puis dormait, et se remettait à manger au réveil : feuilles, fruits et certaines écorces.*

Scènes de Guyane
FAUNE
Les mammifères

■ **Tayassu pecari -** Ce cochon-bois finissait sa nuit dans un tronc d'arbre. Il nous a accueilli en grognant et claquant des défenses, puis s'est extirpé du tronc et s'est enfui.

SCÈNES DE GUYANE
FAUNE
LES MAMMIFÈRES

■ **Alouattes seniculus -** Le baboune. Son hurlement est sûrement le bruit le plus impressionnant de la forêt guyanaise. Il tient à la fois du feulement, de la bourrasque et du rugissement. Il est produit grâce à un os creux dont sont dotés les mâles, au niveau du larynx.

■ **Cebus apella -** Les macaques, font souvent office d'animaux de compagnie. On en voit souvent, passant leur vie au bout d'une chaîne clouée à un arbre, à quelques pas de l'habitation de leur propriétaire. En forêt, ils se voient plus aisément le long des fleuves, comme le baboune et l'atèle, qu'en sous-bois, où il sont difficilement repérables.

SCÈNES DE GUYANE
FAUNE

LES MAMMIFÈRES

■ **Saïmiri sciureus** - *Singes attachants, un peu plus petits que les macaques, les saïmiris, au contact de l'homme, sont de vraies catastrophes. Leur goinfrerie et leur curiosité les rendent capables de dévaster une maison en quelques minutes. Il faut croire qu'ils sont mieux en liberté. On en retrouve jusque dans les zones péri-urbaines (Montjoly, La Carapa…) comme les tamarins "mains rouges".*

SCÈNES DE GUYANE
FAUNE

LES MAMMIFÈRES

■ **Ateles paniscus** - *L'atèle a une particularité : il jette des morceaux de bois sur les passants du haut des arbres. Lorsqu'on lève la tête, on remarque un faciès rose qui semble observer les résultats de son tir. Il espère que l'intrus choisira de s'en aller. En général, chez l'homme, c'est le contraire qui se produit.*

Scènes de Guyane
FAUNE
LES MAMMIFÈRES

■ **Panthera onca -** Rencontrer un jaguar, en Guyane, est inoubliable. Ce magnifique félin a tout du fantôme. Il laisse souvent des traces, on le sent parfois, mais le voir est un luxe. Si l'on arrive à capter, quelques secondes, son attention, sans l'effrayer, il s'ensuit un échange de regards d'une intensité exceptionnelle, avec toujours la même question : que se passe-t-il dans cette tête ? J'ai rencontré une dizaine de fois des jaguars, dont quatre en Guyane, et je n'ai absolument jamais été témoin d'une attitude hostile de leur part. De la curiosité parfois, de la prudence toujours, mais aucune expression ni aucun geste équivoque.

SCÈNES DE GUYANE
FAUNE
LES MAMMIFÈRES

■ **Panthera onca -** *Une noblesse naturelle…*

Scènes de Guyane
FAUNE
LES MAMMIFÈRES

■ *Jaguar nouveau-né.*

Moment exceptionnel : le jaguar, sur la piste, se retourne une dernière fois avant de disparaître.

SCÈNES DE GUYANE
FAUNE
LES OISEAUX

■ **Nyctibius grandis** - "Ibigan".

Les oiseaux de Guyane font l'objet de nombreuses observations par diverses associations en Guyane, et les " bird-watchers " amateurs, s'ils ne sont pas aussi nombreux qu'au Guyana ou au Vénézuéla, viennent tout de même régulièrement autant pour les limicoles que pour les oiseaux de savane et de forêt.

L'observation des oiseaux en forêt tropicale nécessite une patience bien dosée et une solide connaissance des espèces et du terrain. Parfois la chance intervient, et on peut apercevoir aux premières lueurs aras, toucans ou, plus bas, tangaras et trogons... Les colibris sont plus faciles à voir, sur le bord des criques et des criquots, ou volant bruyamment autour du promeneur comme pour lui demander des comptes de sa présence sur son territoire.

Sur le littoral, dans les savanes et les jardins, l'observation est plus facile. Caciques, tangaras bleus et becs d'argent se montrent volontiers tôt le matin et au couchant.

Les oiseaux du littoral sont d'approche difficile. Les vasières ne permettent pas toujours le passage des bateaux, et les échassiers et limicoles qui s'y regroupent parfois massivement y jouissent d'une relative tranquillité.

Les ibis rouges ont, quant à eux, payé cher la couleur de leur plumage, à Sinnamary, mais l'envasement apporte à l'application des lois sur la protection des espèces animales une aide qui finira peut-être par porter ses fruits.

Scènes de Guyane
FAUNE
LES OISEAUX

■ **Ramphorelus carbo -** *Bec d'argent.*

SCÈNES DE GUYANE
FAUNE
LES OISEAUX

■ **Pitangus sulpheuratus** - Kikivi, oiseau commun sur tout le littoral.

■ **Amazilia spp** - Colibri sur un ananas sauvage.

SCÈNES DE GUYANE
FAUNE
LES OISEAUX

■ **Rupicola rupicola -** *Coq de roche mâle.*

■ **Ardea spp** - *Aigrettes sur les récifs, au couchant.*

SCÈNES DE GUYANE
FAUNE
LES OISEAUX

■ **Campephilus spp** - Pivert prêt à s'envoler.

■ Les pivers ne dédaignent pas les fruits. Ici, il dévore une mangue sans se faire prier.

Scènes de Guyane
FAUNE
LES OISEAUX

■ **Psittasidés -**. Malgré ses couleurs éclatantes, ce perroquet passe presque inaperçu dans le feuillage.

■ Ces fleurs disparaîtront en quelques minutes.

SCÈNES DE GUYANE
FAUNE
LES OISEAUX

■ **Ara spp -** *Amateurs de fruits et de fleurs, les aras sont également friands de piments.*

SCÈNES DE GUYANE
FAUNE
LES OISEAUX

■ **Ara spp (ara macao)** - *Jeune ara subadulte au nid.*

SCÈNES DE GUYANE
FAUNE
LES OISEAUX

■ **Eudocimus ruber -** *L'incroyable couleur de l'ibis rouge lui a valu quelques déboires.*

SCÈNES DE GUYANE
FAUNE
LES OISEAUX

■ **Eudocimus ruber -** *Vol d'ibis rouges en estuaire (rivière de Kaw).*

Scènes de Guyane
FAUNE
LES POISSONS

■ *Cet **atipa** traversait la route...A la hauteur des rizières de Mana, sous une pluie diluvienne, il se tortillait sur le goudron, pour passer d'un côté à l'autre. Après l'avoir photographié en aquarium, je l'ai relâché. J'ai récemment vu un autre atipa traverser, vers Saut Sabbat, toujours sous la pluie.*

Scènes de Guyane
FAUNE
LES POISSONS

■ Un **piranha** des marais de Kaw, relâché peu après. Ces poissons sont tellement voraces que parfois, il n'est nul besoin d'appâter pour qu'ils mordent à l'hameçon. Cependant, un homme à l'eau ne risque rien. Il faudrait plonger dans une mare presque desséchée, remplie à ras bord de piranhas affamés, pour qu'ils se mettent à attaquer.

SCÈNES DE GUYANE
FAUNE
LES AMPHIBIENS

■ **Hyla Boans -** *Cette rainette est très répandue en Guyane. Elle chante même en saison sèche perchée sur les arbres, les long des criques ou autour des pripris (marais).*

En Guyane, les amphibiens sont rois. La proximité des mares, en saison des pluies, est une perpétuelle salle de concert, comme les bords de criques ou les marécages. Grenouilles, rainettes et crapauds pullulent littéralement à certaines occasions.

L'une des grenouilles que l'on entend le plus fréquemment, et en toute saison, même par temps très sec, est Hyla boans. C'est une grenouille de taille moyenne, nocturne et arboricole, dont parfois le chant se termine en cri d'agonie, lorsqu'un prédateur, serpent ou autre, en fait son dîner.

Les Phylllomedusa, remarquables grenouilles vertes, nocturnes et arboricoles, volent, pour moi, la vedette aux dendrobates colorées. Leur mode de déplacement, une lente marche sur les branches et les feuilles, leur expression et leurs couleurs, en font des sujets de prédilection pour un photographe.

Le crapaud cornu, qui est une grenouille, est le batracien le plus impressionnant. Il n'est que bouche et son corps atrophié d'où sortent quatre petits membres devient invisible si on le regarde de face. Cet animal est un ogre qui gobe grenouilles, petits crapauds et petits mammifères dès qu'ils passent à sa portée. C'est le seul amphibien qui m'ait d'ailleurs mordu.

SCÈNES DE GUYANE
FAUNE
LES AMPHIBIENS

■ **Phrynoias coriacea** - grenouille nocturne

■ **Hyla leucophylata** - Rainette nocturne

Ces grenouilles arboricoles, aux pattes spatulées qui leur garantissent une bonne adhérence, ont aussi une tête mobile, d'où leur apprence nettement plus expressive.que celles des grenouilles terrestres.

IMAGES DE GUYANE
F A U N E
LES AMPHIBIENS

■ **Hyla geographica -** *Rainette nocturne*

■ **Hyla geographica -** *Rainette nocturne*

Scènes de Guyane
FAUNE
LES AMPHIBIENS

■ **Hyla granosa -** *Rainette nocturne, de petite taille, fréquente autour des points d'eau.*

■ **Phyllomedusa bicolor -** *Le chant de cette rainette nocturne, grave et sonore, ainsi que ses yeux, réfléchissant la lumière, la rendent très repérable.*

Scènes de Guyane
FAUNE
LES AMPHIBIENS

■ **Ceratophrys ornata -** *Cette grenouille de la famille des Leptodactylidae, appelée à tort "crapaud" cornu, va avaler cette grenouille (**hyla multi fasciata**) en trois bouchées.*

Scènes de Guyane
FAUNE
LES AMPHIBIENS

■ **Phillomedusa tomoptera** - *Rainette nocturne. Une position presque humaine...*

■ **Dendrobates tinctorius** - *"Rainette à tapirer". Les dendrobates sont les fameuses "grenouilles venimeuses". Leur peau sécrète un poison neurotoxique, plus ou moins violent selon les espèces.*

Scènes de Guyane
FAUNE
LES REPTILES

■ *Iguana iguana* - Les iguanes sont nombreux sur tout le littoral et en forêt, le long des fleuves et des criques. Ces grands lézards frugivores aiment passer de longs moments au soleil, plaqués sur une branche d'arbre. Excellents nageurs, ils se jettent à l'eau à l'approche des pirogues et nagent sous l'eau pour s'échapper. À terre, s'ils se sentent acculés, ils peuvent distribuer de cinglants coups de queue à l'intrus.

Les reptiles, en Guyane comme ailleurs, sont peu appréciés des humains. Certaines espèces, en revanche (iguane, caïman...), sont les bienvenus en pièces détachées dans une assiette, ce qui, pour eux, est un avantage discutable.

Les serpents sont les plus craints et, généralement, ils sont tués à la moindre confrontation, quelque soit l'espèce. Pourtant, le réflexe naturel de tous les serpents, même les plus venimeux, reste la fuite et les accidents sont très rares.

Ces animaux craintifs restent le plus possible à couvert, et les rencontres sont épisodiques. En outre, de nombreuses espèces sont nocturnes.

Certains lézards, en revanche, sont coutumiers des jardins et même des maisons, mais leur vélocité leur permet d'échapper à la plupart des tentatives de capture, sauf si les chats s'en mêlent...

SCÈNES DE GUYANE
FAUNE
LES REPTILES

■ **Uracentron azureum -** *Lézard magnifique et plutôt rare.*

SCÈNES DE GUYANE
FAUNE
LES REPTILES

■ *Melanosuchus niger* - L'impressionnant caïman noir est confiné, en Guyane, aux marais de Kaw. Espèce intégralement protégée, il subit encore le braconnage d'irresponsables qui vont jusqu'à tirer sur les jeunes, mettant ainsi en grand péril une espèce déjà bien fragilisée. C'est encore une fois dans d'autres pays, pourtant " sous-développés ", que l'on s'est attaché à le protéger d'une façon efficace (Equateur, Guyana…).

SCÈNES DE GUYANE
FAUNE
LES REPTILES

■ **Melanosuchus niger -** Cet animal, qui peut dépasser 5 m, n'a pas la réputation d'un "mangeur d'homme", comme les grands crocodiles du Nil ou Indopacifique. Cependant, la protection des petits pourrait le rendre agressif à l'encontre de toute menace.

Scènes de Guyane
FAUNE
LES REPTILES

■ **Caïman crocodylus -** Ce jacaré, vu sur la Haute Mana, nous observait alors que nous préparions du poisson. Il est venu un peu plus tard, sans crainte, s'emparer des abats. Il a même tenté de chiper les filets de poisson qui séchaient au soleil, mais le "cuisinier" s'y est opposé, en marchant vers lui. Le jacaré est alors retourné dans l'eau, sans trop de hâte. C'est en allant dans la forêt profonde que l'on s'aperçoit que les animaux ne connaissant pas l'homme sont, suivant les espèces, très peu farouches.

SCÈNES DE GUYANE
FAUNE
LES REPTILES

■ **Dermochelys coriacea -** *Il s'écoulera deux heures entre l'arrivée et le départ de cette tortue-luth, au cours desquelles elle creusera le sable, pondra ses œufs et rebouchera le trou ; après quoi elle effacera les traces proches du trou et retournera à la mer, au couchant.*

Scènes de Guyane
FAUNE
LES REPTILES

■ **Chelys fimbriata -** *La Mata mata est un aspirateur. Tapie au fond de l'eau, elle attend que passent les poissons. Alors, elle ouvre brusquement son énorme gueule, créant une dépression, et le poisson est aspiré. Elle remonte à la surface, ne laissant émerger que ses narines pour respirer, et reste pratiquement invisible.*

Scènes de Guyane
FAUNE
LES REPTILES

■ **Rhinobotryum lentiginosum** - Un serpent magnifique, mais rarissime. C'est un nocturne, arboricole et on le voit peu à terre, sinon jamais. Sa livrée superbe tendrait à le faire passer pour un corail, mais il n'en est rien. C'est un Colubridé Opisthoglyphe (il dispose de crochets venimeux à l'arrière de la mâchoire) dont la morsure n'entraîne pas de graves conséquences.

SCÈNES DE GUYANE
FAUNE
LES REPTILES

■ **Corallus canina** - *La couleur extraordinaire du jeune boa canin virera au vert, mais il gardera les motifs blancs de son épine dorsale. Le boa canin, ou émeraude est un superbe serpent, plutôt rare, qui chasse la nuit oiseaux, chauves-souris et rongeurs.*

Scènes de Guyane
FAUNE
LES REPTILES

■ **Corallus Canina -** *Le boa canin n'est pas venimeux, mais possède une véritable " herse" dentaire qui lui permet de crocheter ses proies, qu'il tue ensuite par constriction.*

SCÈNES DE GUYANE
FAUNE
LES REPTILES

■ **Boa constrictor -** *Le boa constricteur est un serpent extrêmement populaire. On le voit dans la plupart des films où interviennent des serpents et on le trouve en vente dans presque toutes les animaleries. Dans la nature, sa livrée est un camouflage parfait. C'est un serpent assez commun en Guyane. Les jeunes traversent souvent les routes, notamment au crépuscule.*

Scènes de Guyane
FAUNE
LES REPTILES

■ **Boa constrictor -** *Ce boa mesurait 3,50 m, ce qui constitue déjà une belle taille.*

Scènes de Guyane
FAUNE
LES REPTILES

■ **Corallus enydris** - *Le boa de cook, cousin du boa canin, est doté d'un tempérament hargneux. C'est un des serpents les plus enclins à mordre que l'on peut rencontrer en Guyane. Il chasse la nuit sur les branches basses qui surplombent les criques ou les zones marécageuses. Ses yeux réfléchissant la lumière des torches, comme ceux du boa canin, le rendent facilement repérable. Il est confondu par beaucoup avec les venimeux de genre bothrops, à cause de sa petite taille atypique pour un boïdé, et de sa tête qui, c'est vrai, rappelle vaguement celle d'un vipéridé.*

SCÈNES DE GUYANE
FAUNE
LES REPTILES

■ **Pseustes sulpheurus -** Cette belle couleuvre diurne de grande taille (parfois 2,50 m) est ici en posture d'intimidation, le cou gonflé, et prête à mordre. C'est un serpent non-venimeux, et sa morsure est sans conséquence.

SCÈNES DE GUYANE
FAUNE
LES REPTILES

■ **Leptophis ahaetulla -** *La gueule ouverte, le leptophis intimide et se prépare à s'enfuir. Il mord parfois, mais la crainte qu'il inspire en adoptant cette attitude suffit souvent à décourager l'agresseur.*

Scènes de Guyane
FAUNE
LES REPTILES

■ **Imantodes conchoa** - *Colubridé nocturne, l'étrangeté faite serpent. Un corps de la taille d'une cigarette en son milieu, d'un fil de fer au niveau du cou, et une tête rappelant vaguement certain sympathique extra-terrestre… C'est une couleuvre nocturne arboricole, totalement inoffensive, qui se nourrit de lézards et de grenouilles, qu'elle approche tout en douceur sur les branches où ils reposent.*

Scènes de Guyane
FAUNE

LES REPTILES

■ **Microrus surinamensis -** *Le serpent-corail " type " : un anneau rouge, puis deux jaune dans une bande noire, etc. Attention toutefois : certains serpents-corail sont annelés noir et jaune, d'autres ont le corps noir et un collier orange.*
Prudence ! Ce ne sont pas des animaux délibérément agressifs, mais leur venin est puissant et, au minimum, entraîne une hospitalisation d'urgence.

SCÈNES DE GUYANE
FAUNE
LES REPTILES

■ **Bothrops atrox -** Le grage commun ou "Fer de lance" est le venimeux le plus connu de Guyane. On peut le rencontrer à peu près partout, jusqu'aux abords des habitations, où il chasse les rongeurs. C'est un animal vif qui peut être agressif s'il se sent en danger. Son venin, injecté à forte dose, peut être fatal si des soins adéquats ne sont pas administrés.

Scènes de Guyane
FAUNE
LES REPTILES

■ **Bothrops brazilii -** Ce crotalidé est un proche parent du Bothrops atrox, plus confiné dans la forêt. La taille de la tête d'un adulte laisse à penser que les glandes à venin sont copieusement remplies. Les morsures de "grage petits carreaux" entraînent généralement des nécroses, comme Lachesis muta (le "Bushmaster") alors que c'est plus rare chez Bothrops atrox.

Scènes de Guyane
FAUNE
LES REPTILES

■ ***Bothriopsis bilineata*** - *Encore un serpent rare. Ce crotalidé arboricole, au corps fin et à la petite taille, sort la nuit pour chasser rongeurs, lézards et parfois batraciens. Il se déplace assez souvent au sol. Il est parfois confondu avec le boa canin, et vice versa, alors que leurs morphologies et leurs tailles sont très différentes.*

Scènes de Guyane
FAUNE
LES REPTILES

■ **Crotalus durissus** - Le mythique serpent à sonnettes est potentiellement le serpent le plus dangereux de Guyane. Son venin contient, en plus des composantes hémotoxiques, de la crotamine, substance neurotoxique. Ceci dit, c'est un serpent extrêmement rare, et je n'ai jamais entendu parler de morsure en Guyane.

Scènes de Guyane
FAUNE
LES REPTILES

■ Le serpent, tapi dans l'herbe, semble observer le troupeau qui passe. En réalité, il attend que les vibrations cessent pour vaquer à ses occupations.

SCÈNES DE GUYANE
FAUNE

LES INSECTES et ARTHROPODES

■ **Ephebopus murinus** - *Encore des victimes du délit de "sale gueule". Ces mygales sont particulièrement timides et paisibles mais leur aspect ne plaide pas en leur faveur. De plus, la toxicité de leur venin (araignées 24 h… etc.) a été beaucoup exagérée par la rumeur.*

Scènes de Guyane
FAUNE
LES INSECTES

■ **Megasoma actéon -** *Dans un bruit de pales d'hélicoptère, le mégasoma en vol passe entre les arbres et se précipite vers la lumière.*

SCÈNES DE GUYANE
FAUNE
LES INSECTES

■ **Phalène.** Couleurs éclatantes, dessins réguliers… Quelle maîtrise ! Si on regarde la photo à l'envers, on distingue presque une tête de chat avec un sourire narquois et deux crocs acérés.

Scènes de Guyane
FAUNE
LES INSECTES

■ *Ballet de morphos sur le lit d'une cascade.*

Scènes de Guyane
FAUNE
LES INSECTES

■ *Deux serpents, une grenouille et une mygale sont réunis sur cette photo. Ils sont tous inoffensifs (la mygale matoutou, est venimeuse, mais très peu agressive) mais représentent tout ce que l'homme craint en forêt. Le plus compliqué a été de les faire tenir tranquille pour la photo. La grenouille sautait, le jeune boa mordait, le serpent fouisseur cherchait à se glisser sous les feuilles et l'araignée galopait de fleur en fleur. Sur une dizaine de clichés, trois furent exploitables.*

Bibliographie.

- Bonjour la Guyane. *J. Borghesio. J.M. Renault. Le Pélican*
- Des hommes en Amazonie. *J.M. Tissot, P. et E. Dubois. Le Pélican*
- Serpents de Guyane. *J.P. Chippeaux. Ed. de l'Orston.*
- La Guyane Française. *F. Bouyer. Ed. Delabergerie.*

Remerciements.

- Rudolf Watschinger, *directeur de la réserve animalière de Macouria.*
- Le Comité des Festivals de l'île de Cayenne *et tous les groupes carnavaliers.*
- Marc Sylvestre *pour son appui lors du reportage sur le carnaval, et la SNEA.*
- Christian Marty, *pour les photos d'Uracentron azureum.*
- Jean-Louis Antoine, *de JAL Voyages et toute l'équipe du CISAME.*
- Stéphane Plat, Christian Pernaut et Peter Reishell, *pour les photos concernant l'or.*
- Jean-Michel Cotonnec, *de la Sogesco.*
- *Et tout particulièrement* le Labo 97 *à Cayenne.*

Texte et photos **Thierry Montford**	*Conception graphique :* Agence desCartes - F 71	*Imprimé en* *CEE*

© Éditions Orphie, 2000
Tous droits réservés
pour tous pays

I.S.B.N. 2-87763-084-6
Achever d'imprimer : 4ᵐᵉ trimestre 2000
Dépôt légal : 4ᵐᵉ trimestre 2000